JN440708

바람이 분다

「이 도서의 국립중앙도서관 출판예정도서목록(CIP)은 서지정보유통지원시스템 홈페이지(http://seoji.nl.go.kr)와 국가자료공동목록시스템(http://www.nl.go.kr/kolisnet)에서 이용하실 수 있습니다.
(CIP제어번호: CIP2015008038)」

초판 1쇄 발행 2015년 3월 28일

지은이 문학愛 회원 **펴낸이** 임정일
편 집 이영은 **디자인** 양동빈, 표은지

펴낸곳 책나무출판사
출판신고 2004년 4월 22일(제318-00034)

주소 서울시 영등포구 신길3동 325-70 3F
전화 02-338-1228 **팩스** 0505-866-8254
홈페이지 www.booktree.info

ISBN 978-89-6339-435-0 03810

고규윤 김상만 김은순 김철수 김해성
김혜진 류성기 박민석 박채선 방태일
배정록 엄상우 오복석 오우석 유미영
이순오 이정규 정요셉 주금자 최은순

책나무

목차

끝사랑

억겁의 인연인지 모르고
태어나 자라다 첫눈에 알아보고
오작교 건너와 한 몸으로 살면서

서로의 연민을 불태울 듯이
누가 먼저라고 할 것도 없이
아픔을 보듬으며 감싸 주었다

그대가 나의 꽃으로 핀 건지
내가 그대의 나뭇잎이 된 건지
지극한 마음으로 한 곳을 보았으니

처음부터 하나였고
마지막까지 영원할 것이니
꼭 잡은 두 손 엄동설한도 녹였구나

세월의 기묘한 손길에서
그리움으로 되살아난 우리 사랑
연리지처럼 평생을 감싸 안으련다

스며든 사랑

한번
뜨거워진 내 맘
그대가
뜨겁게 만들고 간 내 맘

그대가
두고 간 흔적 뒤로 흐르는
멀어져 간 기억 저편 속에

이제
그대를 잊을 수 있을지도
그럼
조금은 안 아플 수도

그대를
원해도 보고
원망도 해보지만
그대 기억 속으로 스며듭니다

테러

숨도
쉴 틈도 안 주고는

고민도
할 틈도 없이

감당도
못 할 정도로

빠르게
순식간에
테러를 한 그대는
사랑의 테러리스트

제 심장에
테러를 하셨어요
그대에게만 반응하도록

사무치는 밤

자정 무렵
찬바람의 기세는
더욱 드세지고 달빛도 부서질 때
그리움 찾아 먼 길을 떠났다

밤을 꼬박 새워
그대 향기를 쫓아 보지만
보이지 않는 그리움은
눈물바다 고요함 속에 묻히고

그대 가슴
한복판을 지날 즈음에
흐르는 눈물마저 덮고
시린 가슴 쓸어내리지만

고요의 바다에서
찾을 길 없는 그대의 흔적들…
헤매다 지쳐 쓰러진 내 영혼…

멈출 수가 없어

다시 찾아 나서련다
흐르는 눈물 곱씹으며
다시 나를 일으켜 세워 다짐한다

정녕 그대는
내 사람이라고…
내 삶의 의미이고 목표라고!

숙명

우연히
알게 된 당신
스쳐 지나갈 수도 있었는데

사랑일지도
모른다며
손을 잡아준 그대여

숙명임을
느끼기까지는
오래 걸리지 않았기에

내민 손을
잡아준 당신
그 손 놓지 않겠습니다

언제부터인가
나의 하루를 여는
소중한 사람이 되어버린 그대

잡은 손

부끄럽지 않게

예쁜 사랑 만들겠습니다

고 규 윤

인천 동구 출생, 『시와 창작』 시 부문 등단, 커피숍 운영

김상만

하늘매발톱

수줍은 만남이었다
청산도 사랑의 요정
보랏빛 날개 살며시 모으고
해조음 따라 수런거린다
꿀처럼 달콤한 행복을 움켜쥐고
솔솔 해풍에
하늘하늘 하이얀 미소로 고혹하게 유혹하니
그만 영어의 몸이 되었다
저 아름다운 자태 햇살처럼 쫓으니
첫사랑같이 자꾸만 설레이는
하늘이 맺어준 소중한 만남
단 하루의 사랑일지라도
사랑하자 사랑하자
달 보듬은 끝없는 바다의 사랑처럼
서로의 영혼을 품고서
교교한 달빛에 행복의 날개 활짝 펴고은하수 무늬진 청산도
별꽃이 되자

낮달

꽃구름 사이 숨겨둔 마실
초서처럼 정겹게 앉은 집
나 돌아가야 하는 곳

바람결 멋지게 휘 넘긴 머리
복사꽃보다 더 고운 사랑
하얀 보석처럼 빛나던 이야기가 있는 곳

동갑내기 곱디고운 색시가
꽃을 가꾸고 그리움의 시를 쓰며
해종일 기다리는 곳

사유의 꽃이 만개하고
그대 떠난 날처럼 하늘이 울면
그대 향한 하얀 목선을 띄우리
마음 가득 차오르는 연모의 눈물 감추고
햇살처럼 저 강을 건너 임을 품으리

동박새 사랑

청산도 그 아늑한 품에 살자고 했었지
붉은 꽃은 푸른 잎의 품속에 어울려 살듯이
생의 절반 이곳에 도란도란 머물다
저 노을처럼 소천하자고 했었지
그러나
무정한 세월에 뒤엉킨 인연의 발길
사랑의 얼굴 그리며 천 리 길 에돌아 왔건만
그대는 천 년 그리움으로 남았구나
언약의 나무는 저렇게 푸르건만
한 송이 꽃이 되신 님이여
해종일 그대 숨결 그리는 동박새로 앉으리
추억아
빛깔 없는 이슬의 맑음으로 울음 우는
동박새 그리움으로 취하게 하는 추억아
사랑아
바다처럼 한결같이 그리워하다
호젓한 달밤에 화가마처럼 타올라
모감모감 떨어지는 야속한 사랑아
지면 그만인가 아무런 말없이 떠나면 그만인가
하루를 천년같이 사는 동박새 마음을 아느냐

애써 잊으려 하면
파도같이 되돌아오는 그리움아
유유한 침묵 속 톡톡 꽃 지는 소리
한 잔 술에 눈물만이 차가운 바다를 적신다

등대

외로움의 대명사인 하얀 살갗
햇살이 영혼 속으로 스며들면
갈매기가 읽어 주는
외로운 가슴들이 써내려간 편지를 듣는다
진줏빛 해조음 가슴아
그리움은 키만큼 하얗게 하얗게 웃자라
거부할 수 없는 인연의 길에
추억을 사르며 묵상의 심상으로
바다새처럼 날고픈 너의 품에서
시린 고독과 술 한 잔에 기대어
내 쓸쓸한 그림자를 본다
온종일 눈은 수평선만 바라보다가
지나가는 배에 내 님의 소식 물어보지만
소식 없는 고동 소리만이 흐느껴 우는구나
꽃송이같이 별이 피는 밤이면
밝고 선명한 달빛 등불을 켜고
님 오시는 길 밝혀 주는 숭고한 사랑아
이 밤이 새고 먼동이 트는 새벽이면
갈매기야 내 님에게 안부 전해주렴
하얀 그리움의 바위가 되어 간다고

산수유 꽃나무와 할머니

섬진강 바람 소리 향기의 춤을 추는 날
탄생의 소리가 예배당 종소리처럼 맑고
온 산야를 밝고 고운 시로 풀어 내린다
하염없이 꽃나무를 바라보시는
일흔 남짓 할머니의 호젓한 모습은
꽃 그림자처럼 마치 당신이 한 그루 꽃나무였다
기다림조차 쓸쓸한 배경이 된다
세월의 강을 넘어 같이 늙어버린 낡은 안경
몸살 나게 보고파 피어난 뿌연 안개
간간이 배꼽마당 그림자 벗 삼아 서성이다
꽃가지 흔들고 오는 바람 소리에 사무친다
그대 별을 키우던 하늘의 마음을 아는가
지리산만큼 섬진강 물줄기만큼 속살을 떼어
다섯 발가락 분가시킨 꽃피고 새가 울던 마음
세월의 뒷마당에 앉은 인생의 적요
초승달처럼 야위어 눈물겹다
그대는 아는가
섬진강 물비늘 알알이 선홍색으로 타는 날
사랑밖에 모르는 꽃나무 한 그루
만월을 벗 삼아 부처의 미소로 기다리신다

구례 여행 중 말동무 되어주신 할머니를 추억하며

할머니 차향이 그리운 날입니다

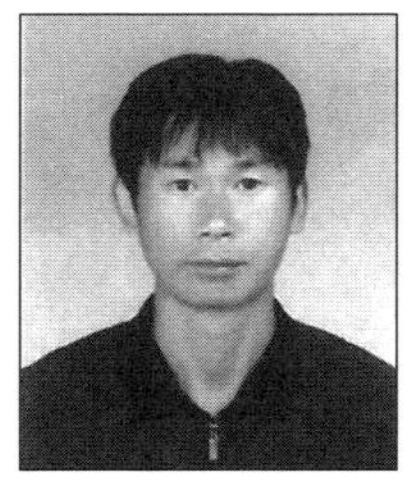

김상만

경북 영천 출생, 한국스토리문학사 신춘문예 등단, 한국스토리문인협회 회원, 문학공원 동인, 시집 『갈대의 낙관』, 동인지 『누가 꽁치를 표절했나』, 월간지 『좋은 만남』

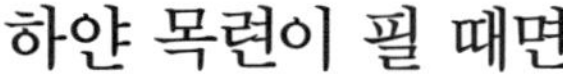

하얀 목련이 필 때면

하얀 목련이 필 때면
내 마음도
순백으로 물들어
당신 사랑 가득 담아
채우게 하소서

하얀 목련이 필 때면
바람을 등지고
시름 잊은 낙엽
윤슬의 영롱함으로
반짝이게 하소서

하얀 목련이 필 때면
외로운 길
흰 사랑 밟으며
행복은
여기에 있었음을
알게 하소서

기다릴 수밖에

파란을 펼치면
푸른 하늘로 간다

어미 새는
눈도 뜨지 못하는
붉은 살덩이
날개 밑 언저리 사랑

꽃 바람 물어다
향기까지
살포시 넣어
낮에 해처럼
밤에 달처럼
지켜만 주고 싶네

어미 새
찰나에 날고
같은 세상
바다에 파도를 말아
밟고 올라

뛰어야 오르는 것이다

"가장 높이 나는 새가
가장 멀리 볼 수 있기에"
어미 새는 지켜만 볼 수밖에

세상을 향해
날개를 활짝 펴서
보는 세상을 사랑하고
가슴뼈에서
행복 씨 하나 희망을 틔우는 것이다

은빛 물살 가르며
태양 앞에 눈부신 춤사위
그날
파란에 펼치는 것이다

• 아들의 레바논 파병 무사히 잘 다녀오길 기원합니다.

막걸리 한 되

유년시절
손에서
빠질 수 없는
노란 주전자

실경에 내려
막걸리 받으러 가는 날
건네받은
시골 넉넉한 인심 한 되

받아오는 길
노란 주전자 입
조막손 황토길
보시하듯
울컥 올라온다

아버지는
막걸리 한 사발이
그날 하루
유일한 위로였다

노동으로
절었던
고단한 몸뚱어리

푸른 진 다 빠져
해걸음
밭고랑에
노란주전자,
삽자루 하나 길게 누운다

봉숙이

우리 동네에서 제일 꼭대기 집은
사립문이 있는 봉숙이네 집

앞뜰에 돼지감자꽃 지고
고욤나무
이파리 바람이 분 날이면

일찌감치 고향 떠나
가난에 빼앗겨 버린
십 대의 대구 땅이 있었다

우리가 가방을 멜 땐
봉숙이는 보자기로 허리춤에 차고
우리가 교복 입을 땐
찌든 냄새 나는 기계를 돌리며
누에고치처럼 실을 뽑았다

잊어버렸던 그 이름
인생의 종점에서
다시 불러보는 이름

은행나무 물들은 날이면
그리움이 추억으로 맺혀
이파리마다 편지를 써
빨간 우체통으로 간다

노동의 하루

눈이 내리는
겨울 숲에 바람이 깊을수록
어머니
서랍에 들어간
빨간 코팅 장갑을 꺼낸다

눈이 내리는
겨울 숲에 바람이 깊을수록
너덜너덜
닳고 닳은 무르팍에서
봄에나 있을
황소바람
눈물 언저리 가시 꽃 되어

하루 내
찬 바닥 냉기
굴렁쇠 구르듯
삶 하나를
힘겨루기 하고 있다

그런 날은
별이 빛나는 밤이었고
내가 별처럼 사는 날이었다

보리밭에도
어머니 손톱 같은
봄눈을 기다리며
부푼 꿈으로 간다

김은순

충북 청원 출생, 『대한문학세계』 시 부문 등단,
(사)창작문학예술인협의회 정회원

김철수

늙어 간다는 건

해 뜨기 전에
일단은
당신 생각 한 폭쯤
접어야 한다
나이 들어
이미 저리 삐걱대는 몸은
신이 또아리 튼
햇볕이 보약이다
또다시 가쁜 숨을
토하며
당신만 그리워하고
변함없이 뜨겁게
사랑하려면
태양의 에너지를
충전해야 한다
눈부신 여명 앞에
말갛게 드러낸 육신이
참으로 보잘 것 없고
마른 소나무 같다
어디서 바람만

불어온다면
금세 눈물이 주루룩
날 것이다
시나브로
열심히 달려온
삶의 궤적이 덧없다

가끔은
밀레의 명화 속에
뛰어 들어가
평화의 종소리를
은은하게 듣고 싶다
두런두런 추억이
묻어나거든
솔가지 수북이 모아
솥뚜껑에 기름 두르고
자작자작
부침개에 막걸리 한잔
기울이고 싶다
허망의 경계 허물고

희망의 울타리를
새로 튼실하게 짓고도 싶다
이 모든 어설픈 계획이
다 당신이 있기에
꿈꿔보는 것이다

오늘밤도 우리
사랑의 뜨락에
별들 알알이 쏟아지면
달빛에 멱 감고
당신을 온 가슴에 품고
생의 마지막인 듯
사랑의 축제를
즐길 것이다
그러다 불이 나면
서글픈 겨울 삶과
봄의 장미를
함께 허락한
신께
누군가 신고하겠지만…

룩과 쌀로 막걸리 빚듯

누룩과 쌀로
막걸리를 빚듯이
우리네 삶도
조화롭게 걸쭉하게
살아야 하리
언제 어디서든
평상만 있으면 펼쳐지는
소박하지만 넉넉한
골목길 탁배기 축제
다소 어설퍼 보여도
성실한 사람들의
진담과 고소한 농담이
뽀오얀 거품 꽃으로 피어
뿌리째 튼실한 미소가
살아 숨쉬는
행복의 정거장

슬픔과 분노도
사랑도 그리움도
일순간의 트림으로

싸~ 하게 밀어내며
멋있게 찌그러진
양은 주전자를
흐릿한 눈동자로
응시하며
내 삶도 한때는
저리도
치열하였노라 외치며
눈물의 한잔 환희의 한잔
우라질 욕도 한 사발
파전과 돼지고기
메인 안주는
이미 동이 난 지 오래
30촉 백열등은
가로등 따라
꾸벅꾸벅 졸고
어디선가
뒤 집 닭 우는 소리에
부시시한 영혼들
잠시 깨어나고

오

겨울밤은 그렇게

추억으로 익어 갔다

달과 구름이 그러듯이

달과 구름이 그러듯이
당신을 배제한 채
홀로 쓸쓸히
세월 속으로
흘러간다는 건
죽음보다 의미가 없는
비참한 일이리라
바람과 비가 그러듯이
당신의 가슴을 흔들고
영혼을 적시지 않는
인생이란
보이지 않는 곳에서
가벼이 흩날리는
먼지보다 못한
헛되고 헛된 여정일지니
태양을 쫓는
해바라기로 살아가고자
환희와 고독의
짙은 그림자도 버렸나니
가야 할 길과

다다를 곳이 있는
당신의 연인의
삶을 살기 위해
나는 오늘도
은은한 달빛으로
뭉클한 사랑의 구름이 되어
당신의 창가에
하르르
내리나니

어느 서로운 봄날에

황사로 먹먹한
어느 서로운 봄날에
온기가 아직 남아 있는
조그마한 뜨락 곁에서
두 발 곧추세워
우리의 땀이 밴
작은 천국을 떠나는 날
등푸른 햇살
침잠하는 오후를 택해
신뢰로운 뿌리를 가진
소나무 한 그루
정성껏 심어도 좋으리
살아서 겪는 시련과
죽어서 느끼는 기쁨과
인간 숲의 애처로운 눈물마저
묵묵히 지켜본
나무에게 경배하며
나의 들끓는 영혼
당신의 마음 어루만지면
흐드러지게 핀

체리벚꽃들의
갈망의 속삭임이라
해도 좋으리
빛나던 한 세월 스쳐가는
따스한 바람이라
여겨도 좋으리

비에 젖은 들풀은 안다

비에 젖은
들풀은 안다
사랑하는 이의
눈물 한 방울일지라도
모든 걸 내어놓고
흠뻑 젖어가는 게
얼마나 황홀하고
가슴 떨리는 일인지를

들판에 홀로이
번개를 맞아 본
나무와 꽃들은 안다
생의 빛나는 환희와
별리의 아련한 슬픔이
동구 밖을 휘돌아 나가는
초가집 굴뚝의
무심한 연기처럼
아릿한
한바탕의 꿈이라는
사실을

붉은 노을에
빈틈없이 물들어 가는
나그네는 안다
부딪치고 깨어지는
애증의 그림자도
깊은 산골짝
옹달샘에 갇혀 있는
서늘한 욕망도
온통 불타는
당신의 태양 앞에선
그저 한줄기
가녀린 빛이었음을…

김철수

경북 출생, 시인, 언론인, 영심회 설립, 현상문학회 회장 등 역임

시간은 그리움 속으로

김해성

한 번쯤 넋두리 속에
진실을 말하는
그대가 좋았습니다
꾸밈없이 다가온 미지의 소녀처럼…

동공에 비추는
작은 영혼靈魂의 그림자
그대의 지난 추억이
아른거리는 여명黎明이었고

춘풍에 온몸을 맡기고
작은 추억에 몸부림치는
그대를 기억 속에
담아두고 싶어 떠났던 시간…

굽이쳐 돌고 돌아가는
회룡포를 내려다보니
내 인생관이었고
따사로운 햇살은
나에겐 작은 행복이었습니다

남녘의 인연은
봄바람에 미소 짓는
시간이 되었고
미소년 소풍 떠났던 것처럼
들떠 있는 시간이었습니다

고즈넉한 오후愛
저녁노을 바라보니
빨갛게 피어나는
장미꽃 같은 그대와
커피 한잔을 마셔 봅니다

짧은 추억 긴 시간 만들어
반곡지에 두고 싶습니다
그리움 묻어나는
왕버들나무도
내세의 인연으로 기억되어
함께 동행하고 싶습니다

어떤 날에

그립다 생각나서
그대를 찾아가 보면
빈자리 바람만 맞이하겠지

그립다 생각나서
그대를 찾아가 보면
그대의 흔적만 훔치며
서성대는 내 모습 보겠지

세월이 흐른 뒤
그대를 만난다면
기억이나 하려나
구름 가듯이 스치고 지나간 인연인 것을

인연

지나는 길손
지친 발길 쉴 적에
고은 달빛 여인의 마중에
야화를 꽃피우며 반긴다

영혼 적시는 노래가락에
깊은 시름 어디가고
홍안의 미소년
꿈꾸듯 미소 짓누나

아이들아 사랑하고 사랑한다

사랑한다 사랑한다
한 마디 한 마디 피맺힌 한을
공허한 가슴으로 새긴다
꽃잎 되어 사라지는 날
네게서 멀어지거라
가슴에 품었던 큰 꿈은
저 하늘가 가거든 펼쳐 보거라

미안하다 미안하다
한 마디 한 마디 가슴으로 새긴다
혹여 나와 이별이 서럽거든
꿈속에서라도 찾아오지 마라
봄날 꽃비 되어 내리는 날
내가 보고 싶어서 찾아올 거야

사랑한다 사랑한다
나 찾아올 때 눈물 보이지 마라
이생의 부모 마음 목 놓아 우니
너 또한 서럽지 않겠느냐
보고 싶은 그리움 가슴에 묻고 가니

세상의 눈물이 바다 되어 흐르더라도

미안하다 미안하다
너희를 찾아가 빌고 또 빌면
용서해 주지 마라
꽃피는 봄이 되면 그리워 그리워
너희가 보고파서 울보가 될 테니까
이생의 스치는 작은 인연들조차
너희를 그리워할 것이니

사랑한다 사랑한다
너희가 보고 싶어 눈물을 보이겠지
벚꽃이 피는 날 그립고 그리움에 눈물 흘리니
우리들 꿈속이라도 찾아와
잘 있다고 안부라도 전해주렴
봄날에 신기루처럼 왔다가
바람결에 사라지는 춘몽일지라도

사랑한다는 말

사랑한다는 말
가끔은
돌려서 이야기 하더라도
이해할 수 있다고 말하고 싶습니다

사랑은…
따스한 햇살 같아서 안아주고 싶기도 하고
빗물은…
이별 같아 눈물 흘리기를 싫어해
돌려서 이야기해 주셔도 좋습니다

잉꼬의 사랑…
아름다워 이야기하듯이
우리 사랑 만들고 싶어
겨울밤 기도하듯 이야기하여도
이해할 수 있습니다

별똥별 떨어질 때
우리 사랑 이루어 달라고 기도 하듯이
한번만이라도 이야기해주길 바라보지만…

사랑한다는 말 한 마디 부끄러워
오늘밤도 망설이다가 펜을 내려놓습니다

김해성

강원 화천 출생, 공군 군무원 33년 복무 명예퇴직, 한국문인협회 화천지부 회원, 대한적십자사 화천군지부 회원, 바르게살기 화천군지부 회원

천년지기

거침없이 흐르는 물이라서
한결같은 사랑인가요

태산 같은 바위라서
두고두고 변치 않을 사랑인가요

지나간 수많은 고비마다
힘이 되어준 그대 있어 행복했다오

태양 같은 열정으로 앞서 끌고
달빛 같은 미소로 다독이며

때론 매서운 한풍으로 몰아치고
살랑이는 춘풍으로 위로해가며

반평생을 지나왔다오
그대와 나 영원한 천년지기로

새순

매서운 한파에도
아름다운 미래를 향해
납작 웅크리고 때를 기다린다

더욱 몸을 낮춰
차곡차곡 갈고닦아
세월을 거슬러 오르고

부푼 꿈을 가득 품어
희망의 끈을 놓지 않고
날마다 조금씩 조금씩 뜻을 세워

저 높은 곳으로 나아가리
나는 보았다 시인의 꿈을
기필코 이루어지리라 머잖아

고향집

끝없이 늘어선 자동차 행렬들
나도 그중 하나에 몸을 싣고
고향으로 달려가고 싶다

언제였던가 고향 땅 밟은 지가
강산이 수십 번 변하도록
찾지 못하였네 나의 고향 집

부모님 일찍이 하늘로 가시고
어린 동생들 하나 둘 출가하여
뛰놀던 마당 잡초만 무성하네

푸르른 청죽은
변함없이 고향 집을 지키고
처마 끝에 매달린 왕벌 집주인 되었구나

다시 찾은 고향 집
차마 발길이 떨어지지 않아
회한의 눈물이 앞을 가리는구나

들꽃

더러는 풀벌레 집이 되고
때로는 벗이 되기도 하여
알아주는 이 없어도
소임을 다했다오

지나는 이 발길에 차이고
짓밟혀도 기죽지 않으며
끝내 형형색색으로 거듭나
차디찬 땅 배를 깔고 누워 꽃을 피운다

누가 명하였나
들꽃이라고
내게도 고운 이름 있다오
더러는 불러주오 내 이름을

내 생의 봄날에

마디마디 삭풍이 스며들어
더 이상 감출 수 없는 퀭한 가슴
어디서부터인가 어긋나고
새삼 다잡으려 애써 보건만
그마저 여의치 않다

한 고개 마다 쌓여간 흔적들
지우기보다 덮으려 애썼다
손바닥으로 하늘을 가릴까
이제는 훌훌 벗어 던지고
따사로운 봄을 가득 담고 싶다

저 푸른 청죽의 기상도
고고한 매화의 정절도
한 시절이더이다
청춘에 목매어 울지 않겠다
열정도 사랑도 마음 아니던가

무엇을 하든 남은 시간
희망을 품고 봄날 같이 살다

나른한 봄날 오후에
왔던 길 되돌아서 홀연히
떠나가련다 내 생의 봄날에

김혜진

경남 진주 출생, 전 문화센터 강사, 에너지 솔루션 대표, 청일문학 홍보 이사, 한국시사랑문학회 회원, 한국문학작가회 회원, 청일문학 시 부문 신인상 수상, 청일문학 수필 부문 신인상 수상

김칫국

척박한 삶의 근육통은
밤을 새워 자백을 강요하고

무슨 근심 걱정은
알람보다 먼저 나를 깨우는가

매서운 가로등 눈빛에
별들도 숨을 죽이는 새벽

밤새 기다린 단정한 김칫국에
서투르게 밥을 말아 먹고
차가운 철문을
조용히
연다

낙엽

진녹색 충절을 끝내고
화려한 본색으로
미련 없이 떠나는
너는
멋진 남자가 분명하다

아니다
색동저고리 휘감아 떨어지는
우아한 춤사위로
가슴 깊숙이 바람 채우는
너는
어여쁜 여인이 확실하다

꿈

뜨거운 들판
기나긴 행군
헐떡이며 죽어가는
내 꿈을
애처로이 안아본다

소신과 열정은
위선에서 자유롭지 못하고
비겁보다 용감하지 못한
이 못난 몸뚱이 안에서
그렇게 죽어가고 있다

물보다
술로 적셔주고
마른 눈물을 삼킨다

명성산 등룡폭포

절름발이 등산객에
게으른 두 다리가 부끄럽고
잎사귀 쪼끄만게
성급한 발걸음을 가로막네

큰 바위 폭포에
길게 길게 감탄하고
계곡물 소리에
짧게 짧게 춤을 춘다

산이 이뻐
주머니에 담아 가져올려다
뒷사람 생각에
슬며시 놓고 왔다

아내

그대 밝은 미소 모아 모아
마음속 하늘에 붙여 놓고
세상 어둡고 파도 높을 때
그 별들을 등대 삼아
길을 찾아 나아가리라

류성기

서울 동작 출생, 자영업

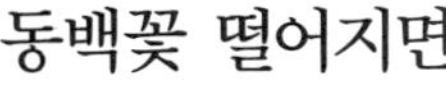

동백꽃 떨어지면

속 고쟁이
하나하나 들춰본 들
변함없는 붉은 살결

파르란 저고리 옷고름 사이로
움츠린 봉긋한 젖가슴
은빛 눈부시게 솟아나면

살포시 날아든 햇살
감싸 안을 수 없듯이
그대 마음 빼앗을 수 없구나

사랑을 욕보이느니
한 몸 던져 지키려는 순애보
감히 어느 누가 탓할까

동박새 울고 난 자리
비릿한 남도의 갯내음 따라
시 붉은 핏물이 한 움큼

봄비

사부작사부작
임 오는 소리

잠자는 풀잎 깨우고
창문 두드리는 소리

새벽 첫 손님으로
찾아온 너

헤어지기 아쉬워
배웅하지 못한 나

너는 너대로
나는 나대로

수줍어 말 못하고
온종일 얼굴만 붉히고 섰다

적신월사 赤新月社

희붉은 하늘
작은 별 반짝이면
구름 사이 깃발 오른다

물오른 가지 사이
뾰족한 심술 내보이더니
양날의 비수는 숨죽이고
평화를 품었다

만월로 키워 내기엔
더 많은 희생이 필요할 테지만
그런대로 달이랍시고
어둠과 나누겠다는 데야

하루하루
살을 찌워 시간이 흐르면
알게 되겠지

너를 바라보며
희망을 품는 인류가 있었음을

바람이 전하는 말

저 너른 들판
이름 모를 들꽃으로 살다 가잖다

구름 따라
둥실둥실 날아서 꽃씨 하나 남기고
그저 그렇게 살다 가잖다

찾는 이 없는 작은 돌 틈에서
자그마한 꽃 하나 피우고
하늘을 벗 삼아 살다 가잖다

훗날 사그라지는
마른 꽃잎이 될지언정
비겁하게 무릎 꿇지 않고
나만의 향기로 살다 가잖다

아지랑이

아직 아니라잖아
북풍한설 꼬리가 남았는데
벌써 언덕을 차지하려 하다니

저 먼바다
파도가 햇살을 품었는데
벌써 춤을 추고 있다니

높은 산
타들어 가는 하얀 숨결
이토록 서러운 눈물이 보이지 않는다니

박 민 석

경남 진주 출생, 한국문학세상 아카데미 교수, 경남 연합신문 문학 기자, 제23회 설중매문학 신인상 수상, 제8회 대한민국 디지털 문학대상 수상, 제9회 세계문학상 수상(세계문인협회), 2014년 한국문학을 빛낸 200인 선정, 시집『나뭇가지에 걸린 서러움』

인연 하나 사랑 둘

인연 하나 그 억겁의 아름다움으로
사랑 둘 세월에 마음 내려두고
가슴에 묻어 둔
속절없는 애련의 통증

기억의 편린 간이역에서
가슴에 늘 그리운 사람 넣어두고
사는 동안 약속 없는 기다림
하루하루는 시린 가슴

사랑 한 줌에 목마른 음객의 침묵
인연의 굴레에 마음 끼적거리며
새벽 고요 속에 두 손 모아 드리는 기도
정녕 당신은 알고 계신지

사랑이 머물던 자리 바람이 다녀가고
시간의 기억 속으로 묻혀버린 인연의 흔적들
한세상 다해도 짧기만 한
인연 하나 사랑 둘

바람의 흔적

뒤돌아보지 말자
한 번 떠난 사랑은 더는 내 것이 아니니
기다려도 오지 않을 사람을
기다리지 말아야지

삶에 대한 따스한 관조를
아직 다 터뜨리지 못한 열정과 소망으로
어디까지 깊어질지 모를 깊은 우물 하나
마음에 담아보련다

살아가는 일 봄날만 있는 것이 아니라고
꽃이 피었다 진 자리에 열매 열리듯
세월은 강물처럼 흐르고 쌓여
인생이란 이름표를 붙이는 거라고

햇살 한 줌 바람 한 자락
머물다 간 자리
별빛에 젖은 눈시울
보이지 않는 바람의 흔적

사멸死滅되지 않는 그리움

사랑 때문에 아파하는 수많은 사연들 속에
눈물 어린 시간은 차곡차곡 쌓여
무척이나 버겁게 기억을 난도질하고
가슴 언저리는 시리고 아프다

곁에 머물 자리 잊지 못한 그리움들
심장에 묻어두고서
속울음 삼키는 가슴에 추억은
바람 타고 눈물 뒤에 숨어버렸다

허공에 흩어지는 말 못할 언어들은
세상에서 가장 슬픈 시를 쓰게 하여
그대를 위한 그리움의 사연
한 소절의 여백으로 남겨두련다

세월의 그리움으로 멀고도 먼
세상 끝에서도 맺지 못할 사랑
눈물 꽃피우는 미로迷路 같은 삶의 여정
사멸되지 않는 그리움이여

허공에 깃발처럼

달빛 별빛도 바람 앞에 옷깃을 여미는 시간
세월이 남긴 흔적 속에 달빛은 시들어
지난 삶 속에 내가 흘리고 다닌 흔적들
어디선가 떠돌고 있을 또 다른 나

차디찬 겨울바람이 허락도 없이
마음의 정원을 서성거리듯
기약 없는 그리움 속에
또다시 쓸쓸하게 서 있을까 봐 두렵습니다

무겁지 않은 그리움과 가볍지 않은 사랑으로
늘 처음처럼 하늘에 부끄럼 없기를
기억의 저편에서 머무는 그대 사랑할 수 있는
그날까지만 사랑하며 살고 싶습니다

마음에 뚝뚝 떨어지는 눈물 소리
바람에 그을린 아픈 영혼의 배고픔
그대가 머무는 그리움의 정거장에는
허공의 깃발처럼 바람이 울고 있습니다

사랑하는 사람아

사랑하는 사람아
봄이 오면 우리 빈 가슴을 채워줄
봄볕 한 줌 쥐고서
나들이를 가보자

여름이 오면 바다를 보러 가자
우리의 삶이 지치고 시험에 들 때
잘 살아왔는지 되물어 보며
고개를 끄덕일 수 있도록

가을이 오면 가슴으로 낳은 시어 한 줄 담고
숲이 얼마나 아름다운지 느껴보자
떨어지는 낙엽처럼 우리
마음 아프지 않기를 기도하자

겨울이 오면 세월이 지났던
이곳에 우리 다시 오자
사랑했던 시간들 기억하며
서로가 잊지 말자

우리 살아가는 동안

세상에게 희망을 말하자

꿈을 꿀 수 있다는 것은

변함없는 따뜻한 가슴이 있기 때문일 거야

박채선

전남 영암 출생, 시와수상문학회 정회원, 미소문학 서울 지회장, 서정문학회 운영이사, 2011년 한국미소문학 시 부문 등단, 2014년 서정문학 시 부문 등단, 2014년 시와수상문학 문학상 수상, 3인 시집 『세발 자전거로 가 보는 사람세상』 2012, 개인 시집 『하늘빛 연가』 2015

방태일

새벽

이슬이 떨어질 무렵
눈물방울도 마르려나

회한 속의 그리움이
정녕 씻어지려나

백야를 보낸 나그네의
후줄근한 발걸음이

방랑자의 옷깃을 세우는
새벽길이 되어버렸네…

눈물잔

한 개비 담배 연기에
한숨을 싣고

바람에 날려 보아도
님 향한 마음만은

흩어지지 않고
또렷해지는 이유는

아직 술잔에
그대 모습 남아서

눈물잔이 되었네…

향기

그대가
머무는 곳마다
봄의 향기를 전하겠구려

이른
봄꽃이 되어
화사하게 빛을 발하니

싱그러움에
뭇 꽃몽오리도
일제히 일어나 만세 부르리

추억

소리 없이 내리는
이건 무얼까 겨울비

비
쓰림
아픔이 내리는
고독을 적시는 물이여

그 모든 것을
추억으로 묻어 두리오

꺼내보지 않으렵니다

차라리
흘려 보내드리리

오늘 같은 밤
차라리 소나기로 내리지

스며드는 빗방울
이슬방울로 떨어지네

눈이 큰 아이

소녀 같은
한 여인이 있었네

많이 보고 싶구나
큰 눈이 아름다운
아이 같은 여인이

사슴처럼
맑고 큰 눈망울
깊은 감성의 소녀다움

유난히
겁도 많아
조심스러워
다가서지 못하고 마음만 졸이고

슬기롭고 지혜롭겠지
그래서 더 아끼고 싶은 맘

아기자기한

맛도 있어서
선물을 포장하며
주고 싶은 설렘 속에
잔잔한 미소가 어울리는 소녀여

천상
어린아이
꿈꾸는 천사
스스로 맑음을 택한
그대는 순수를 아는
순정 만화의 주인공 눈이 큰 아이

방 태 일

서울 구로 출생, 전기 엔지니어, (주)이둔 건설안전 관리 팀장

나무가 되라

바람에 나뭇가지가 흔들리는 것은
부러지지 않기 위함이다
부는 바람에도 꿈쩍 않는 밑동은
가지를 지켜내기 위함이다

비바람 속에서
눈보라 속에서
나뭇잎을 잃으며 아픔도 배웠지만
뿌리 뻗어 땅을 잡고
돌팔매질에 멍이 들고
도끼질에 피가 흘러도
가지가 잎을 피울 수 있도록
자리를 지켜내는
그 밑동의 아픔에 어찌 견줄 수 있으랴

바람이 멈추고 밤하늘에 별이 뜨면
흔들리던 가지는 단잠에 빠지지만
잠에서 깨어날라
뜬눈으로 밤을 새우는
그 모습을 보며 사람들은 나무라 부른다

그리움을 알고
그리움이 되면
생명이 다하여 흙이 되어도
떨어진 씨앗에서 꼭 닮은 줄기 하나 생겨나
가지를 뻗고 또 살아가리니

사랑하고 사랑하라
주지 못해 아파하고
늘 괜찮다 미안해하라

그리하여 그대 나무가 되라

머리 둘 물고기

몸통 하나에 머리 둘인 물고기
한 놈인가!
두 놈인가!

꼬리도 하나에 지느러미도 하나
헤엄치는 몸동작도 하나이거늘
머리만 두 개가 달려 괴상망측한 놈

함께 울고 함께 웃는다
서로의 볼을 비비며 행복의 미소를 짓는
한 놈이었다

모래밭을 지나 산호초 언덕을 넘어
고래가 산다는 깊고도 넓은 바다
대왕오징어와 참다랑어 무시무시한 상어 떼

머리 둘 달린 물고기 얼굴빛이 어둡다
한 놈은 돌아가자
한 놈은 더 깊은 바다로 가자

꼬리를 움직여 지느러미를 움직여
헤엄칠 생각은 잊어버린 채, 내가 옳다
몸통 하나에 머리가 둘인 물고기
두 놈이었다

한 놈인지,
두 놈인지,
그 놈인지…

놈이 사라졌다

할미꽃

휠만도 하지
평생을 쟁기질에 호미질에 아이들 뒷바라지에
허리 펴고 한숨 쉬고 또 숙여야 했으니 휠만도 하지

실컷 자보는 것이 소원이었다고
이젠 쌀밥 걱정 없어 행복하다고
양지바른 언덕 위에 노란 참외를 심어
나무껍질 같은 손으로 쓱쓱 닦아 건네시던 농사꾼 어머니

갈라질 만도 했지
얼음물로 빨래를 하고 잡초를 뽑고
그렇게 6남매를 키워 놓고도
너들은 개처럼 컸다고
그렇게 키웠다고

예쁜 옷 사주지 못해 미안하다
더 공부시켜주지 못해 미안하다

하늘나라 가셨는데
이제 볼 수 없는데

보고 싶다며 이름 불러 달라고
시냇물 흐르는 강둑에 앉아 목 놓아 울고 났던 어느 날

양지바른 언덕 위 밝은 햇살 아래
하얀 분에 자줏빛 립스틱에
살아서 입어보지 못한 옥빛 주름치마에

팔을 벌리고는 부르는구나!
이리 오라고
어미 왔으니
이리 와서 안기라고

어머니
할미꽃 되어 찾아오신 그리운 내 어머니

동백꽃

남해 바다가 인접한 어느 시골 마을
돌담 옆의 동백꽃이 붉게 피어있다

낯선 이의 손에
찐 고구마 쥐어주며
미소 짓던 할머니
어릴 적 고향 같다 그 정겨움이

하지만 이곳도
잠시 스쳐가는 그저 어느 마을일 뿐
천국은 아니리라

천국이란 그리운 이가 살고 있는 곳
봄이 오는데
꽃이 피는데
죄지은 자에게 쉴 곳은 없다

붉게 핀 동백꽃은 상처 입은 이의 눈물
작은 아이 하나 훌쩍이며 울고 있던
어느 시골 마을 쓸쓸한 그 돌담길
나를 닮은 동백꽃

소녀와 꽃

활짝 핀 꽃밭으로 나비가 찾아왔다
소녀의 보살핌 속에 무럭무럭 자란 꽃은
나비와 손을 잡고 함께 놀았다

그러던 어느 날
태양이 심술을 부리던 날
나무 그늘 아래에서 꽃을 보던 소녀는
잠의 달콤함에 취해 눈을 뜰 수 없었다

황금빛 강물 위로 뛰어오르는 물고기와
바람에 실려 오는 싱그러운 사과 향기
소녀를 태운 배는 강물 위를 미끄러져
석양을 향했다

안녕!
안녕!
귀에 익은 목소리가 안녕을 말했을 때
바람에 실려 오던 사과 향이 사라졌다

나뭇가지가 보이고 텅 빈 물조리가 보인다

울며 뛰어간 곳에

고개 숙인 채 죽어있는 꽃들의 주검

잠깐…

아주 잠깐 잠에 취해 꿈을 꾸었을 뿐

소녀는

꽃을 사랑했다

배정록

경북 영양 출생, 『문학의 봄』 시 부문 당선

고운 빛의 향초를 피워 놓고
당신 얼굴 마주합니다

눈빛에 어린 사랑 하나
무엇을 말하는가요?

눈빛에 어린 사랑이
무엇을 말하던가요?

긴 밤은 점점 고요로 가는데
밤을 태워
녹아 흐른 촛농은
당신 마음

흐르고 흘러 당신 사랑을 보도록
겹겹으로 그리 두시나요?

향초의 피어난 사랑이
밤의 가냘픈 곡조에 울음 우는 지금
당신의 마음을

그리움으로 태우렵니다

눈물에 배인 기다림이 좋으신가
연민에 긁힌 그리움이 좋으신가

별빛 색색으로 여운지는 당신 마음
별의 손짓으로 지피우는 사랑
어두움을 밝히는 가녀린 색조는
향초에 옮겨 불붙습니다

별빛으로 왔다가
별빛으로 되 가면
그 새로 당신의 나는
처음처럼 청아한 향초가 됩니다

당신 그리움으로
언제고 타오를 한 송이 꽃
향기로운 불꽃의 향연을
마음에 그립니다

별빛을 보면
별빛을 사랑하는 당신이
당신의 별빛으로 보실 것을 믿기에
별의 빛으로 찾아가지요
마음에 곱디고운 향초 지피고

월광소나타

달빛의
부드러운 무희
끊어질 듯
밤하늘에 흐르는
애절한 선율은
마음에 저미고

스치는 바람
스치우는 그대 향기
달빛 머금은 지금
보고 있나요

달빛으로 숨은
이 마음
한줄기 월광 흩뿌려
그대에게 가고픈데
이 밤으로
달빛 흐르면
사랑도 흐르는 것을
밤하늘 감도는

월광으로 하여
조금씩 여운지는
그리움

누부야

누부야[1)]
감 따러 가자
새아기 연지마냥
새색시 곤지마냥
감낭구[2)] 얹혀
살랑살랑 웃음 짓는
감 따러 가자

서리 내렸나
입김 올랐나
장대보다 높이 얹힌
감 따러 가자

지난여름
땡감으로 누부야 놀리던
떫디떫은 성질머리
오늘 혼내주러 가자아

지난여름
소금 항아리 묻어둔 땡감처럼

까치 오기 전
웃으며 감 따러 가자아

누부야캉 내캉
내캉 누부야캉
사이좋게
감 따러 가자

1) '누나'의 방언.
2) '감나무'의 충청도 사투리.

골목대장

딱지 대장
동심이 동그랗게
밥상만 한 딱지에 머물러
어린 하루를 크고 있다

동산 위
봉긋한
산소
맴돌며
나비는 날아
즐거워라

골목대장
구슬 대장
수정 담은 유리구슬
또르- 또르르
구를 때마다
어린 날

구슬에 비추인 나비처럼

즐거이 자라는
어린 날
하늘로 날아라
동심으로 한껏 날아라

어느 틈
어느새
손톱보다 작아진
구슬
유리구슬

개구쟁이
뛰놀던 교정
그 크던 교사
호랑이 선생님

문득
소인국에 와있다

불현

그리움에 놓인다

딱지 대장
구슬 대장

고무줄놀이
대장

모두
왕년의 대장인데

지금
말없이
작아진 운동장에
숨죽여
선다

모든
대장이 선다

동화 속
그리움
된다

찻잔 속 그리움

창밖 흩뿌리는 비
너를 생각하게 해
오가는 많은 사랑의 사람
지금 너
어디서 이 비 맞고 있을까
예쁜 글씨가 참 고왔던 너
마음씨도 그랬지

그리움 흘려
네게로 보내고픈 마음
흐름처럼 비는 내리는가

수없이 많은 생각으로
여민 그리움이기에
쉬 보낼 수 없는 것인데
오늘 지금
참을 길 없어 못내 애만 태우네

흐를 사랑 남음 있다면
이 비처럼

흘러갈 수 있기에
나
지금 그리움 지키고 있네

비 그치고
온 세상 다시 뽀얀 사랑에 앉으면
째깍째깍 시간 따라
예쁜 그리움이 만들어지는 소리

한 잔 그리움
한 모금씩 마시고

한 잔 그리움
사랑으로 마시면

찻잔 속 그리움이
살아나네
사랑되네

지금

향기로운 차 한 잔
따뜻한
그리움이 좋다
사랑이 좋다

엄상우

경북 점촌 출생, 건국대학교 건축과 졸업, 문예진흥원 문화촉매반 수료, 1985~1988 연극 모니터 모임 모둠 서기 회장, 1989~1998 금화그룹 애드케이, 2000~현재 컨설팅 및 자문역

나만의 당신

사랑을 할수록
달콤함은 여운에 젖어
만지면 만질수록
맞추면 맞출수록
가슴은 떨려옵니다

넓은 아량으로 사랑을
광대하게 품으니
당신에 사랑이
부족하게 느껴집니다

다시는 떨리는 가슴으로
다가오지 마세요
나만을 향한 해바라기
될 수 없다는 걸 알았네요

지금도,
당신의 사랑을 느끼고 싶네요
당신을 사랑합니다

그리움

마음이 허전할 때
그리움 가득할 때
누군가 내게로 와
손잡아 준다면

그 사람에게
따뜻한 차 한 잔
건네고 싶다

그리움이 가득한 날
누군가 네게로 와
허전한 마음을 내려놓을 때
마음이 요동쳐

눈시울로
그리움이 멀어져
누군가 네게로 와
네 마음을 달래 준다면
멍든 가슴이 풀리네

나의 어머니

콩을 두드리다
내가 보채면
과자와 바꾸고
깨를 털다가
동생이 보채면
깨와 바꿔와
입에 넣어
주셨던 어머니

땔감을 하는 힘든 노역에도
떼어 놓지 못해
업어 키워 허리 굽어진 어머니

온갖 수난에도
품안에 감싸 안았던 어머니는
지금 어디 계세요
이 못난 둘째는
이제서야,
거대한 어머님 사랑을
헤아려 봅니다

따뜻한 겨울은 오는가

혹독한 추위에
피어난 동백꽃이 애처로워
괜스레 걱정해 봅니다

동백꽃은 오래갈까
씨앗이나 맺혀질까
꿀벌도 나비 한 마리도 없는데
나만 홀로 애태웁니다

따뜻한 겨울은 오는가
이 겨울은 동백꽃을 왜 외면하는지
이렇게 예쁘게 피어나
나를 반기는데
나를 보고 웃고 있는데

하얀 그리움

붉게 오른 아침녘
창문 너머로
하얀 님이
온 대지에
덮여 있네요

오늘도
님과의 싸움을 해야 하나요

하얀 님
오늘은 그리운 이
만나게 길 좀 내주소

기다리다
발길 돌릴 거 같아
이내 마음
타들어 가네요

하얀 님
오늘은 그리운 이

따뜻한 이내 마음 느껴

머물게 도와주소서

오 복 석

전남 해남 출생, 자영업

오우석

동백 사랑

선홍의 고운 님이여
심장으로 붉게 핀 그리움이
해풍의 춤을 추는 임이여

찬바람 북풍에 소복 입고
춤을 추는 고운 님이여
어찌하여 그토록
붉은 혈을 토하는가요?

당신의 입술 가득
빛나는 선홍의 광명
눈동자 가득 붉은 해를 품고
뜨거운 사랑 못내 그리워

새벽 서리 맞으며 당신은
그토록 곱게 피었나요
시련의 삶도 희망의 꽃으로
정열의 꽃으로 붉게 피었네요

가로등 불

봄 여름 가을 겨울
사계절이 돌고 돌아도
언제나 그 자리에 촛불 하나
밝혀두고 기도하는
가로등 불

싹이 나고 꽃이 피고
단풍 되어 낙엽 져도
언제나 촛불 밝혀 기도하는
가로등 불

오가는 길 손님
넘어질세라 다칠세라
밤마다 맘 모아 기도하는
가로등 불

다정한 연인들
스치는 많은 사람들
이 길 지나지만
밤마다 기도하는

가로등 불 사랑
알기나 할까!

어머니의 콩나물시루

겨울이면 안방을
끼어 차고 있는 콩나물시루

그리움이
더해지는 콩나물시루

오가며 물 한 바가지 덮어쓰고
어느새 쑥쑥 자라나는 콩나물

어머니의 사랑 먹고
가족의 온기 먹고
쑥쑥 자라나는 콩나물

물 한 바가지 덮어쓰고
흘려버리지만

어머니의 사랑은
고스란히 남아있네

어머니의 사랑을 먹고

나도 이렇게 자랐나 보다

콩나물시루에 콩나물 자라듯이
생각이 자라고 몸이 자라

이렇게 성인이 되었나 보다
콩나물을 키운 건 어머니의 사랑이었다

아침 고요

천상의 생명 물이 내려
봄의 대지를 포근히 감싸며
연인처럼 안긴다

엄마의 젖가슴처럼
포근히 감싸는 아침 고요
스르르 사랑을 품었노라

잠자는 대지의 입김이
내뿜는 뜨거운 기지개의 묵시로
고요한 안개로 안기는 고요

이 비 그치면 고요한 젖가슴에
생명의 젖 솟아나 꿈틀거리는
희망으로 젖 물림 하겠지

봄이 오면

봄이 오면
목련꽃 기린이
된답니다

언제 필까 기다리며
한발이나 빠진 목이
그리움만 더해 가지요

봄이 오면
목련꽃 비를
하염없이 맞으며
너무나 짧은 만남에
눈물 흠뻑 젖어 그리움만
무성한 잎이 되어
휘날립니다

봄이 되면
난 목련을 기다리는
목련꽃 기린이
된답니다

생의 청춘이
목련꽃 피고 지듯
그렇게 가버린 세월이
짧다며 노래합니다

오 우 석

1967년 경남 산청 출생, 2014년 <맘이 열리는 날> 외 2편 경남기독문인회 신인상 입상, 2014년 <해바라기> 외 2편『지구문학』신인상 입상

하얀 눈꽃

하얀 눈이 며칠째 내리고 있습니다
마른나무 가지에 하얗게 눈꽃을 피우고
마른 잔디에도 하얗게 내려앉습니다

멀리 보이는 언덕 위
통나무집 지붕 위에도
소리 없이 수북이 흰 눈이 쌓여 갑니다
당신이 미소 지으며 머물던 자리에도

사랑 하나에
울고 웃었던 지난날이 그립고
가슴에 묻어둔 당신이 보고 싶어
하얀 눈꽃이 내리는 언덕에 서 있습니다

지나간 세월을 하루도 잊은 적 없던 얼굴…
당신 없이는 못 살 것 같았던 세상을
나는 아무렇지 않게 살고 있습니다
지난 세월을 잊은 건 아닌데 말입니다

이런 사람이 좋다

사랑하는 사람의 눈을 마주하면
가만히 바라만 보고 있어도
마음이 따뜻해져 오는 사람이 좋고

밥을 함께 먹을 때
평소보다 더 많이 먹어도
부끄럽지 않은 사람이 좋고

전화를 기다리게 하는 사람보다는
먼저 전화를 걸어
내 안부를 묻는 사람이 좋고

나에게 고민이 생겼을 때
말로 걱정해주는 사람보다는
옆에서 챙겨주는 사람이 좋고

지금 내 옆에 네가 있어서
나는 정말 행복한 사람이라고
자신 있게 말해주는 사람이 좋고

어느 날
술에 취해서 화를 버럭 내며
"너 지금 어디야?"
물어보는 사람이 좋고

그리고
내가 지나가는 길목에서
연락도 없이 기다려주는 사람이 좋고

심하게 다투고 난 다음 날
자존심 세우지 않고 전화를 걸어와
아무렇지 않게 웃으며
사랑한다고 말해주는 사람이 좋다

그대는

집안 가득히 헤이즐넛
커피 향기로 시작하는 아침
사랑하는 그대가
보내준 노랫소리 들으며
행복한 미소로 아침 인사 나눈다

고운 햇살이
커튼 사이로 환하게 들어온다
그대의 부드러운 목소리
들려오는 것 같은데
돌아보면 아무도 없다

나지막이 불러보는
그대의 이름
그리고
나는 작은 소리로 묻는다
그곳에서 지금 행복한지를…

눈이 내리는 날엔

눈이 내리는 날엔
복잡한 도시를 떠나
고즈넉한 찻집에 앉아
따뜻한 커피를 마시고 싶다

눈이 내리는 날엔
밖이 잘 보이는 창가에
당신과 마주 앉아
헤이즐넛 커피를 마시고 싶다

부드러운 커피 향기를 맡으며
이야기를 나누어도 좋고
눈 내리는 창밖을 함께 보며
이야기해도 좋겠다

오늘처럼 눈이 내리는 날엔
아담한 통나무집 찻집에 앉아
당신과 밤새워 이야기 나누며
따뜻한 커피를 마시고 싶다

바람이 머물다 간 자리

운무에 가려진 산자락에
달빛이 비치니 아름답다
고운 노랫소리로
고요한 숲 속을 깨우는
산새 소리를 벗 삼아
이른 새벽
낯설지 않은 산에 오른다

시간이 지날수록
투명하게 날이 밝아오며
산 위로 붉은 태양이 떠오르자
눈앞에 영롱한 빛으로 가득했다
그 순간 뽀얗게 이는 먼지조차도
햇살을 받아 반짝거리며
제 모습을 빛내고 있었다

아무것도 아닌 먼지조차도
햇살에 반짝이며
제 모습을 빛을 내는데
어쩌면 나는

모르고 있었는지도 모른다

빛나고 있을 나의 존재를…

잠시 시원한 바람이

내 곁에 머물다 지나간다

유 미 영

서울 강서 출생, 한국 카스 연합회 전북지부 대표, 『시사문단』 시 부문 〈꽃잎의 변신〉으로 등단, (사) 자유문학세대 수필 부문 〈메밀꽃 필 무렵〉 외 1 편 금상 수상

가로등

길가에
꽃 대궁 높이 올려놓고
밤을 기다리는
외로운 꽃

화려하지도 않은 게
향기마저도 지니지 못한
꽃 같지도 않은 꽃

벌 나비 날개 접고
잠든 밤 홀로 피어
꽃잎만 발등에 뿌린다

무릎까지 쌓인 꽃잎
바람에 흩어질까
토닥이며 졸고 있는
밤에만 피는
너는 야화夜化

가을 단풍은 당돌하다

가을 단풍이 당돌하다
새빨간 속옷
하나씩 둘씩 벗어젖히고
군살 없이 깡마른 속살
훤하게 드러내 놓고도
부끄러운 줄 모른다

밝은 낮에는
갈 볕과 바람에 안기어
사랑놀이 즐기더니
밤이슬 차가운 밤이면
별과 달에 몸을 맡기고
사랑놀이에 여념 없다

사그락사그락
가을 단풍의 속옷 벗는 소리
가을 단풍이 당돌하다
홀라당 벗어젖히고
사랑놀이 즐기는
가을 단풍은 정말 당돌하다

이별 연가戀歌

벙어리 같이 찾아온 이별에
장님 되어 울고 있는 그대여!
눈물을 낭비하지 마라
만남은 곱게 단장하고
우연처럼 다가오지만
험상궂은 가면을 쓰고 필연처럼
돌아서 가는 게 이별이다

금이 간 벽 사이로
빠져 나간 아침 햇살은
돌아오지 않나니, 그대
그가 머물다 간
그대 안의 성을 잘게 부수어
한 줌 모래로 만들어라
떠난 이의 생각 기웃거려도
머물 한 치의 공간도
남겨두지 말고 부수어라
소낙비 세차게 내리는 날
높은 산에 올라가
부서진 너의 성을 뿌리라

너를 대신해서
하늘이 통곡하고
땅이 집어 삼키리라

아물지 못할 상처란 없다
베인 상처에 소금을 뿌려
상처를 잠재워라
극복 못 할 사람의 일 또한 없다
못 잊어 그리울 때 있겠지만
그 또한 잊히리라
잊혀간 아픔들은
세월의 섬세한 손길에서
그리움으로 되살아나
평생을 너와 함께 살지니

눈물로 얼룩진 사랑스런 그대여!
이제는 눈물을 낭비하지 마라
어서 너의 성으로 돌아가
성문을 굳게 걸어 잠그고
연장을 손에 들어라

먼 훗날
곰삭은 그리움 한 사발
가슴 체에 걸러
삭지 않은 그대의
사랑 덩어리 남아있거든
그맨 목 놓아 울어도 좋으리라

짝사랑

널
처음 알게 된 날
툭 하고
내 마음 밭에
떨어진 씨앗 하나

살그머니
싹 틔우더니
성큼성큼 자라
연분홍 한 송이 꽃
널 향해 피었는데

바람 불어
향기 전해지면
내 마음인 줄
눈치챌까 봐
바람 뒤로 숨는다

척隻의 척결剔抉

안 때린 척
못 본 척
상관없는 척
별일 아닌 척
수사하는 척

척隻들이 판치는 세상
양심은 관례의
구타에 실명한지 오래요
척隻들의 텃새에
울분에 찬 민심이
진실의 재단으로 행진한다

양심이여!
너를 진실의 재단 위에 세우나니
민심의 눈물로 너의 두 눈을 씻고
밝은 세상을 보라
척隻들이 군림하는 세상
이제는 그만
끝내야 하지 않겠는가?

민심의 눈물이 도처 범람이라

아! 척隻함의 시대에 척隻함이 유행이니
진실도 척隻일까 가물대는 눈동자
민심의 재단 위에 단두대가 섰나니

이순오

충남 보령 출생, 동방전자 과장, 월간 문학세계 회원, 『문학세계』 시·수필 부문 등단, 공저 『2013년을 빛낸 문인』, 『시세계』 2014 여름호, 『하늘비 산방』 5호, 『2014년을 빛낸 문인』

이정규

봄의 향기

설원 속의 포근함
이제 그 손을 놓으려 합니다
당신의 포근한 설원 향기에 취해서
오랫동안 머물렀지만 갑갑하지 않았습니다
나 스스로 그 향기 속에 머물렀기 때문입니다

그 향기에 취해 보니
더 많은 그리움만 쌓이고 쌓여
강을 이루고 바다를 이루니
이젠 그 손을 놓으려 합니다

온통 세상을 뒤덮었던 설원 속에서의 행복
하얀 밤을 꼬박 지새우며 지낸 나날
이젠 님이 손짓하니 봄의 향기로 다가서려 합니다

이젠 봄의 향기에 취해 보려 합니다
이젠 꽃의 향기에 취해 보려 합니다
이젠 님의 향기에 취해 보려 합니다

내 마음속 보자기

나 어느 외딴 섬에서 들키지 않고
보자기를 풀어 볼까나
내 보자기 안에는
빨강 노랑 파랑 일곱
무지갯빛 사랑이 아름다운 춤을 춘다
아무리 매서운 추위도
사랑의 열기는 식힐 수 없고
폭풍우가 아무리 몰아쳐도
사랑 앞에선 찻잔 속의 울림이라
너와 나의 깊은 사랑의 끈
태양의 불폭풍도 우리를 갈라놓지 못하리라
어떠한 향기도
사랑하는 님의 향기와는 비교할 수 없음이라
그대는 영원한 나의 생명수
내 보자기 안에는 온통
님의 향기뿐…

남자이던가?

그 이름하여 남자이던가
그 남자 한 여인만을 사랑한다 하였는가
허허허 입에 침은 바르고 얘기하시나요
인간이란 양심 앞에
정의와
법이라는 테두리 앞에 갇혀
지긋이 살짝 억누르고 사노라
향기가 나니 자연스레 마음은 그 향기를 찾아 헤매고
그 꽃이 다가오니
이내 가슴은 쿵쾅거리고 뛰노라

이내 뜨거운 가슴이 용솟음치는구나
숨길 수 없는 욕정과 솔직함
바보처럼 숨기는 그 마음을
그대 여인이여
얄궂다고 타박하지 마소
아름다운 여인이여
잡을 수 없는 무지갯빛 사랑아
나 그대를 너무나 사랑하나 보오

인생길

굽이굽이 돌고 돌아
이제 바른길이로구나

이 길 또한 나의 인생길은 아닐진대
지금 앞에 놓여 있으니 내 길이로구나

정답이 없는 인생길에
오늘도 답을 찾으려 고민하는 길

우리 모두가 함께해야 하는 길
삶의 목표가 무엇인지 고민해야 하는 길

나침반 없는 인생길에
조용히 봄이 오는 문턱에서 귀 기울여 본다

나의 길은 어떤 길일까?
우리 모두의 인생길은 어떤 길일까?

어머니의 사랑

북풍한설
눈보라에 서릿발 몰아치니
어머니의 따스한 품이 그립구나
그 옛날 아궁이에 장작불 지펴
감자 고구마를 활화산 같은 숯불에
구워주시던 어머니

반은 숯이오 반은 꿀밤이로세
검붉은 껍질은 당신이 드시고
김이 모락모락 꿀떡은
행여 아들 입천정 데일세라
연신 후~ 후~ 불면서
내 입에 넣어 주시던 어머니

장독대에 덮인 눈을 걷어 내시며
시원하게 익은 동치미 한 사발
얼음 동동 띄워
담아내시던 어머니

그때의 고구마 감자 밤 한입은

세상 그 무엇과도 바꿀 수 없는
어머니의 달콤한 사랑이로다

살을 에는 엄동설한에
어머니의 정이 더욱 생각나
사무치네

오늘밤도 어머니가 너무 그리워
하염없이 두 눈에
눈물만 흐르네

이정규

경남 함양 출생, 서울사이버대학교 재학 중, 동서식품대리점 대표, 그린스토아 대표

벤치에 앉아 보세요

무거운 어깨를 질질 끌고 가는
그대만을 위해

세상 시름 다 짊어지고 비틀거리는
그대만을 위해

내어 줄게요
조금만 쉬었다 가세요

푸념도 괜찮아요
한숨도 괜찮아요
앉아서 모든 시름 내려놓고

가실 때는 그냥 가세요
미안한 마음도 두고 가세요

그렇게 하세요
편안한 마음만 가져가세요

십자가

잎이 없어도 아름답습니다
뿌리가 없어도 거룩합니다

앙상해 보일지라도
생명수에 모태 생명의 근원이랍니다

저 십자가를 품을 수만 있다면

초라한 가슴에 품어 볼래요

어떤 이가 저 나무를 외면한다면
어떤 이가 저 나무를 버리려 한다면

난

조용히 다가가 십자가를 가슴에 심고
싹을 틔워 볼래요

유홍초

하나뿐인 내 심장을 유혹하는
당신의 빨간 입술이 너무도 황홀해

나도 모르게
그만 심장을 주고 말았네요

내 님 기다리고 있는데

심장이 두개라면 그냥 가련만
염치없어
심장을 돌려 달라고 말도 못하고

그냥 가자니 내 님이 울까봐
마냥 이렇게 머뭇거리고 있네요

유홍초 얄미운 사랑이여

내 입술만 가져가시지
꼭 심장까지 가져가야 했나요

탁배기 한잔

오늘 탁배기 녀석
이른 아침부터 찾아와 투덜거린다
구수한 막걸리 한 사발에
구슬픈 한 자락이 그리운 게야

어쩌면
내 한설인 인생살이
푸념을 듣고 싶어서
구실 거리를 찾았을 걸

그렇지 않아도
내가 먼저 찾아 가려 했는데
잘 왔네
오늘은
저 황해 바다에 한번 만취해 보세나

그대는 나의 하루야

그대가
내 곁에 없다면
난
오늘 하루를 위해
아침에
눈을 뜨고 음악을 들으며
저녁까지 보낼 자신이 없어

내 곁에
그대가 없다면
난
오늘 하루를 위해
한 잔의 피어나는
커피 향기가 필요치 않아

오늘 하루 속에
그대가 없다면
난
오늘 하루를 위해
내 심장이 웃으면서

살아갈 자신이 정말 없어

이렇게

그대는

나의 하루가 되어 버렸어

정 요 셉

전북 익산 출생, 자영업

기다림

그리움 솟아나는 불변의 밤
창문 두드리는 바람 소리
그대 오셨나보다

떠나신 줄 알았건만
창가 휘파람 소리
마음 깨우시는
그대는 바람이었나 보군요

유리창 너머로 별빛이 흐르고
그대 오시려나
연지곤지 찍고 곱게 단장한
여인의 창가

그대 오실 때쯤
내 안에 그대 사랑
채울 수 없으면 어찌하오

산수유, 목련 꽃망울 피울 때
다시 오신다 징표 하나

남겨두고

별이 뜨고 해가 져도
서녘 노을 질 때면
그대가 몹시도 그리운 걸
내 어찌하오

사랑

마음 창에
노크를 한다
똑똑
문은 열리지 않고
바람이 살포시 들어와
사랑을 전한다

은빛 물결 잔잔한 바닷가에
미소처럼

우연히 다가와
한낮 이슬처럼 마음을
적시는 임이여

사슴 같은 눈망울에
애증의 시가 되어 내린다

사랑은 아직도 저만치
다가설 수 없는
마음에 강이 흐르고

사랑이란 꽃향기 내려와
날마다
속삭이며 마음의
잠을 깨운다

안아주고 싶은 임이여
사랑하자

고독은 비밀

창가에 흐르는
물방울
누구의 그리움일까

비밀이 되어 버린
깊은 마음의 울림
빗소리에
고독을 느끼는 시간

고독은 누구의 사랑일까

나만의 정원 뜰 아래
겨울비 내리는 날이면
님을 품고 사색에
잠기고 싶어라

밤이 내려앉은 해질녘
빗줄기 춤을 추듯
가로등 밑
기대어 앉은 밤의

고독이여

고독은 그리움
고독은 사랑
고독은 또 하나의 비밀

여인의 눈물

별이 쏟아지는
가로등 불빛 아래
무슨 사연 담았길래
저 여인 홀로
눈물을 훔치고 있는 걸까

찰랑거리는 머리카락
너머로
이슬방울 뚝뚝 떨어져
검정 힐 아래
여인의 슬픔이
강을 이루는구나

밤이 내려앉은
위로의 손
여인의 가슴을 만지작
거린다

이별을 고하고 떠나는
그 남자

안개비 뿌려 놓고

뒷모습조차 헤아릴 수 없는
암흑 속 저편으로

흐느끼는 여인이여
그대 떠나는 길
눈물로 얼룩진 사랑
슬프다

봄바람

봄비가 긴 시간 동안
자박자박 내려와
봄의 노래 부른다

화들짝 놀라 고개 든
수목들

어린 새싹 무슨 소리일까
얘들아 일어나라
봄비가 내린다

잔잔하게 스며드는
생명수 적시니
거친 대지에서
꿈틀거리는 생명체

가르쳐 주지 않아도
싹을 틔우고 잎을 내밀어
꽃을 피우는 자연의 신비
어찌 위대하지 않으리

해질 녘 산자락에

진달래 피고

개나리 피는

봄의 노래 소리

마음을 간지럽힌다

주금자

강원 평창 출생, 자영업

최은순

상심

뿌연 안갯속 건물
빗줄기의
엄숙함이 자리 잡아

그 기운에 쌓여
빨라지는 걸음걸이
누군가 재촉한다

활활 타오르듯
시를 향한 열정이
산꼭대기에
단숨이라도
오를 거 같은 그녀

수화기 속의
그녀의 숨결이
뇌리 속에
멍울져

이 새벽에

아픈

그녀가 떠올라

가쁜 호흡의

전율로 애려온다

빈자리

흰 눈 덮인 산등선 위로
떠오르는 붉은 해
눈발이 쌓인다
창문 틈새로 들리는 강아지 소리에
불그스레 눈뜨면

햇볕은 내 몸에 스며들어
아지랑이 피어오르듯
꿈틀거림의 꿈들은
허공으로 날아다닌다

채워도, 채워지지 않는
안개 서린 이 아침에
아득해진 가로등 불빛 하나
애처롭게 쳐다본다

바람이 분다

시냇물 속에
고이고이 숨겨 있는
돌 아래 삭아버린 나뭇잎
빛줄기가 무성한 수풀을
따스히 감싸면

바람 따라 나뭇잎이
새들을 깨워 부르게 한 노랫소리는
산 너머 밝은 해를
어둠이 물들게 한다

까아만 어둠에
잊힐 거 같아, 잃을 거 같아
고이고이 간직하고픈
뜨거운 전율

바람이 분다

깊은 곳 어딘가에

아이들은 달에
저마다의 꿈을 그린다

고운 영혼 물결치는 별빛,
옹기종기 뱃머리 앉아
바다에 곤한 발을 맡긴다
짙은 어둠 사이로
부엉 소리는
얼굴조차 가늠할 수 없는
밤의 정적 일깨워

달빛 물든 능선 사이 마음의 꽃
어디에선가 미소 지으며
다시 돌아와
물장구 칠 때면
은은한 빛 되어
바다의 짠 내음에
연신 가쁜 숨
몰아쉰다

아득한 옛날
나의 마음속엔
아름다움이 숨 쉬고 있으니
깊은 곳 아스라이
행복의 섬 다가온다

노을

감나무 한 그루가 금이 간 담벼락 아래서
야생화 그늘 되어 굽어 주고 있다

담 너머엔 옥수수 방향 잃어
귓가로 흐느끼는 소리, 메뚜기 벼까르기에
눈물 흘리는 날

바닷바람 매서워
소나무 삭정 꺾이고
햇무리에 갈매기들 수놓다
수평선 너머 해를
붙잡고 있는 날이다

최은순

고흥 출생, 자영업, 『월간 문학세계』 시 부문 등단